관심, 그것은
소통의 시작입니다.
고 정 욱

초등 관심 사전

고정욱 선생님의 생각을 키우는 인문학 수업

초등
관심
사전

고정욱 글 ○ 오영은 그림

북라이프

초등 관심 사전

1판 1쇄 인쇄   2024년 7월 9일
1판 1쇄 발행   2024년 7월 16일

지은이 | 고정욱
발행인 | 홍영태
발행처 | 북라이프
등   록 | 제2011-000096호(2011년 3월 24일)
주   소 | 03991 서울시 마포구 월드컵북로6길 3 이노베이스빌딩 7층
전   화 | (02)338-9449
팩   스 | (02)338-6543
대표메일 | bb@businessbooks.co.kr
홈페이지 | http://www.businessbooks.co.kr
블로그 | http://blog.naver.com/booklife1
페이스북 | thebooklife
ISBN 979-11-91013-67-2 03370

비즈니스북스는 독자 여러분의 소중한 아이디어와 원고 투고를 기다리고 있습니다.
원고가 있으신 분은 ms2@businessbooks.co.kr로 간단한 개요와 취지, 연락처 등을 보내 주세요.

세상일에 관심 가득한 아이들

초등학교에 강의를 하러 가면 어린이들은 이런 질문을 자주 합니다.

"선생님 연봉이 얼마예요?"
"아파트 몇 평에 사세요?"
"무슨 차 타세요?"

이런 순진무구한 질문을 듣고 있을 때면 곁에 있는 선생님들 얼굴이 붉어집니다. 때론 아이들에게 그런 질문은 하는 게 아니라고 말리기도 합니다. 하지만 저는 웃으면서 아이들이 궁금해하는 것들을 다 이야기해줍니다.

아이들은 이렇게 어른들 세상에 관심이 많습니다. 지극히 당연한 일입니다. 아이들이 세상에 관심이 없다면 그거야말로 큰일이기 때문입니다.

문제는 어른들이 아이들의 관심을, 있는 그대로 받아들이지 않는다는 것입니다. 엉뚱하다고 말리거나 그런 호기심은 불필요하다며 공부만 열심히 하라고 윽박지릅니다.

이러다 보니 어린이들은 부모님이나 선생님, 어른들과 대화를 하지 않으려 하지요. 자기 또래와 관심을 나누며 때로는 그릇된 정보를 공유하기도 합니다.

저는 그래서 어린이들의 관심에 대답해 주기로 했습니다. 그리고 이런 관심사는 어른들도 알아야 한다고 생각합니다. 어린이들의 요즘 관심사를 피할 수 없다면 현명하게 알려 주고 더 나은 방향으로 이끌어야 하지 않을까요? 그러다 보면 대화가 이어지고 함께 소통할 수 있을 테니까요.

돌이켜 보면 저도 어렸을 때 세상에 관심이 많았습니다. 호기심과 관심은 아이가 무궁하게 성장할 수 있는 값진 거름이기 때문입니다.

우리 아이들이 어떤 것들에 관심을 가지는지, 그 관심을 통해 어떻게 세상을 봐야 할지 알려 주기 위해 이 책을 썼습니다. 자녀와 함께 읽으며 세상을 하나씩 알아가는 데 도움이 되었으면 참 좋겠습니다.

세상에 대해 올바른 호기심을 가지고 지혜롭게 성장하는 아이들이 이 세상에 가득하길 바랍니다.

2024년 여름 북한산 기슭에서

고정욱

* 이 책을 만들기 위해 관심사 조사에 참여해 준 200여 명의 초등학생들에게 감사를 드립니다.

★고 박사님 생각★

1

우리 아이들이 가장 관심 있어 하는
단어 34개를 엄선했습니다. 가나다 순서대로 읽거나
차례에서 가장 궁금한 단어를 골라 읽어도 좋아요.

3

단어의 뜻을 살펴보고, 어떻게 이해하고
바르게 사용해야 할지 알아보세요.

1 게임

게임 정해진 규

헤쳐나오기 힘든 재미

정해진 규칙으로 승부를 겨루거나 즐겁게 노는 활동

★고박사님 생각★

현란한 그래픽으로 가득한 온라인 게임은
무척 재미있어서 자주만 하고 싶지요.
혼자서 온동들와에서 신나게 뛰어노는 것도 좋은 게임이에요.
친구들과 다양한 게임을 해 보세요.

인간은 옛날부터 게임을 즐겨 왔어요.
게임을 하며 몸을 건강하게 만들고 협동하는 방법을 배웠지요.
요즘은 게임이라고 하면 온라인 게임을 먼저 떠올립니다.
지루할 틈없이 박진감 넘치는 게임을 하다보면
스트레스도 풀리고 즐거움과 성취감을 느낄 수 있어요.
하지만 온라인 게임을 지나치게 많이 하면 중독으로 이어지고
아이템을 사는 데 용돈을 다 쓰기도 해요.
게임 레벨에 따라 우월감을 느끼기도 하지만
게임 속 세상과 현실은 너무나도 다릅니다.
그러니 절제할 줄 알아야 해요.
정말 멋지고 도전해 볼 만한 게임은 현실에도 많아요.

우리 같이 축구하러 가지
않을래?

나는 모바일 축구 게임이
더 좋은 걸.

16   17

2

그림을 보면서 어떤 이야기가 펼쳐질지 상상해 봐요.

4

세상을 향한 어린이 친구들의 관심을 좀 더
확장할 수 있도록 풍성한 이야기를 담았습니다.
관심 단어와 연관된 이야기를 읽으며 인문학적 지혜와
긍정적이고 바른 태도를 배울 수 있어요!

5

따라 읽거나 필사하면 좋은 문장에
밑줄을 그어 두었어요. 고정욱 선생님이
들려주는 다정한 응원의 말, 용기를 주는
문장들을 마음에 새겨 보세요.

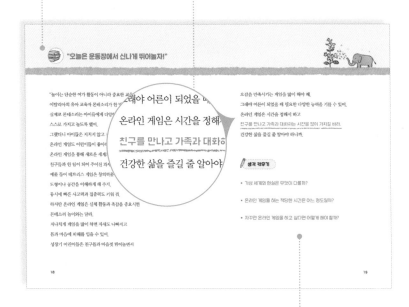

"오늘은 운동장에서 신나게 뛰어놀자!"

'놀이는 단순한 여가 활동이 아니라 중요한 교   그래야 어른이 되었을 때
이탈리아의 유아 교육자 몬테소리가 한 밑   온라인 게임은 시간을 정해
실제로 몬테소리는 아이들에게 다양한   친구를 만나고 가족과 대화하
스스로 가지고 놀도록 했어.   건강한 삶을 즐길 줄 알아야
그랬더니 아이들은 지치지 않고

온라인 게임도 어린이들이 좋아하
온라인 게임을 통해 새로운 세계
친구들과 한 팀이 되어 주어진 과제
예를 들어 테트리스 게임은 창의력과
도형이나 공간을 이해하게 해 주지.
동시에 빠른 사고력과 집중력도 키워 줘.
하지만 온라인 게임은 신체 활동과 즉감을 중요시한
몬테소리 놀이와는 달라.
지나치게 게임을 많이 하면 자세도 나빠지고
몸과 마음에 피해를 입을 수 있어.
성장기 어린이들은 친구들과 마음껏 뛰어놀면서

오감을 발촉시키는 게임을 많이 해야 해.
그래야 어른이 되었을 때 필요한 다양한 능력을 기를 수 있어.
온라인 게임은 시간을 정해서 하고
친구를 만나고 가족과 대화하는 시간을 많이 가지길 바라.
건강한 삶을 즐길 줄 알아야 하니까.

생각 키우기

· 가상 세계와 현실은 무엇이 다를까?

· 온라인 게임을 하는 적당한 시간은 어느 정도일까?

· 자꾸만 온라인 게임을 하고 싶다면 어떻게 해야 할까?

18   19

6

앞에서 읽은 내용을 바탕으로
친구, 부모님과 함께 생각을 나눠 보세요.

• 차례 •

1 게임 빠져나오기 힘든 재미

게임 정해진 규칙으로 승부를 겨루거나 즐겁게 노는 활동

고 박사님 생각

현란한 그래픽으로 가득한 온라인 게임은

무척 재미있어서 자꾸만 하고 싶지요.

하지만 운동장에서 신나게 뛰어노는 것도 좋은 게임이에요.

친구들과 다양한 게임을 해 보세요.

인간은 옛날부터 게임을 즐겨 왔어요.

게임을 하며 몸을 건강하게 만들고 협동하는 방법을 배웠지요.

요즘은 게임이라고 하면 온라인 게임을 먼저 떠올립니다.

지루할 틈 없이 박진감 넘치는 게임을 하다 보면

스트레스도 풀리고 즐거움과 성취감을 느낄 수 있어요.

하지만 온라인 게임을 지나치게 많이 하면 중독에 이르게 되고

아이템을 사는 데 용돈을 다 쓰기도 해요.

게임 레벨에 따라 우월감을 느끼기도 하지만

게임 속 세상과 현실은 너무나도 다릅니다.

그러니 절제할 줄 알아야 해요.

정말 멋지고 도전해 볼 만한 게임은 현실에도 많아요.

"놀이는 단순한 여가 활동이 아니라 중요한 교육 도구다."

이탈리아의 교육자 마리아 몬테소리가 한 말이야.

실제로 몬테소리는 아이들에게 다양한 놀이 도구를 제공해

스스로 가지고 놀도록 했어.

그랬더니 아이들은 지치지 않고 자발적으로 학습을 하더래.

온라인 게임도 어린이들이 좋아하는 즐거운 놀이 활동이야.

온라인 게임을 통해 새로운 세계로 모험을 떠나거나

친구들과 한 팀이 되어 주어진 과제를 해결할 수도 있어.

예를 들어 테트리스 게임은 창의력을 높이고

도형이나 공간을 잘 이해하게 해 주지.

동시에 빠른 사고력과 집중력도 키워 줘.

하지만 온라인 게임은 신체 활동과 촉감을 중요시한

몬테소리 놀이와는 달라.

지나치게 게임을 많이 하면 자세도 나빠지고

몸과 마음에 피해를 입을 수 있어.

성장기 어린이들은 친구들과 마음껏 뛰어놀면서

오감을 만족시키는 게임을 많이 해야 해.

그래야 어른이 되었을 때 필요한 다양한 능력을 기를 수 있어.

온라인 게임은 시간을 정해서 하고

친구를 만나고 가족과 대화하는 시간을 많이 가지길 바라.

건강한 삶을 즐길 줄 알아야 하니까.

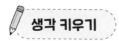 생각 키우기

• 가상 세계와 현실은 무엇이 다를까?

• 온라인 게임을 하는 적당한 시간은 어느 정도일까?

• 자꾸만 온라인 게임을 하고 싶다면 어떻게 해야 할까?

굿즈 마음을 표현하는 방식

공연장이나 경기장에 가면 같은 색깔 옷을 입거나

같은 물건을 들고 응원하는 걸 볼 수 있어요.

각자 개성은 달라도 굿즈를 통해 일체감을 느낄 수 있지요.

누군가를 좋아하고 응원하는 건 삶을 뜨겁게 해 주니까요.

책을 내다 보면 가끔 출판사에서 굿즈를 만들자고 해요.

굿즈는 마음을 표현하는 새로운 방식이에요.

소중한 독자들에게 감사의 뜻으로 주는 선물이지요.

책갈피, 학용품, 에코백 등 정말 다양해요.

굿즈는 선물을 받는 독자들이 책을

더욱 사랑해 줬으면 하는 마음을 담아 만들어요.

마음이라는 건 비싸고 소중한 물건에만 담기는 건 아니에요.

작고 가벼운 물건에도 얼마든지 담을 수 있어요.

굿즈는 모을 수도 있고, 선물할 수도 있답니다.

중요한 건 굿즈 안에 담겨 있는 마음이에요.

"갖고만 있어도 행복해."

인형, 스티커, 볼펜, 가방 등 굿즈는 정말 다양해.

굿즈를 통해 내가 무엇을 좋아하는지,

나만의 관심과 개성을 보여 줄 수 있어.

갖고 싶었던 예쁜 굿즈를 사면 정말 기분이 좋아.

지금은 고향으로 돌아갔지만 엄청 인기가 많은

판다 푸바오는 아이돌 같았어.

우리는 굿즈를 보면서 언제든 푸바오를 떠올릴 수 있고

굿즈를 갖고 있는 것만으로도 행복을 느낄 수 있어.

푸바오가 고향에서 잘 지내고 있다니 다행이야.

사실 굿즈는 당장 필요한 물건이 아닐 때가 많아.

가끔은 팬으로서의 마음보다 굿즈를 모아야겠다는 마음이 커져서

무리하게 소비를 하게 되니까 조심해야 해.

행복은 성취보다 함께 굿즈를 나누고 즐기는 데에서 오기도 해.

굿즈를 통해 팬심을 드러내고,

나와 같은 것을 좋아하는 사람들과 공감대를 형성하고,

서로를 사랑하고 이해하는 일에 더 많은 가치를 두었으면 해.

중요한 것은 물건보다 우리 마음의 평화와 만족감이야.

나를 행복하게 해 주는 굿즈들과 함께

소중한 추억과 소박한 기쁨을 맛보도록 해.

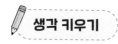

- 사람들은 왜 굿즈를 살까?

- 뭔가를 모으는 건 어떤 이로움이 있을까?

- 굿즈는 몇 개 정도 사는 게 적당할까?

3

기프티콘 간편하게 전하는 마음

기프티콘 휴대전화나 톡으로 주고받을 수 있는 전자 상품권

누군가에게 선물을 받는 건 참 기쁜 일이지요.

그렇지만 주는 기쁨이 받는 기쁨보다 크다는 거 알고 있나요?

어떤 선물을 주어야 받는 사람이 행복할지 생각해 보세요.

요즘은 직접 선물을 사러 가지 않아도 스마트폰으로

손쉽게 언제 어디서나 선물을 주고받을 수 있어요.

선물은 주로 축하할 일이 있을 때나

고마움을 전하고 싶을 때 줍니다.

그런데 누군가를 위로하고 싶을 때도 선물을 줄 수 있어요.

친구가 힘들어할 때 어떤 말을 해야 할지 모르겠다면

기프티콘을 보내면 어떨까요?

선물에는 가격으로 환산할 수 없는 마음이 담기니까요.

기프티콘은 편리하지만 너무 쉽게 돈으로

선물을 주고받는 것 같은 아쉬움도 있어요.

이럴 땐 정성 어린 문구를 써서 함께 보내도 좋아요.

선물의 진짜 중요한 의미는 마음을 전하는 거니까요.

"선물의 가치는 돈으로 따질 수 없어."

선물을 받자마자 얼마짜리인지 알아보거나

마음에 들지 않는다고 투정한 적 있어?

그건 상대방의 정성과 노력과 수고를 무시하는

좋지 않은 행동이야.

선물을 줄 때는 의미가 중요해.

생일 선물, 감사의 선물, 화해의 선물⋯⋯.

우리는 아무 이유 없이 선물을 주지 않아.

선물에는 받는 사람이 무엇을 좋아할지,

어떤 게 필요할지 고민하며 준비한 사람의

진심과 정성이 담겨 있어.

그렇기 때문에 가격으로 선물에 담긴 의미를 재는 건 곤란해.

엄마 아빠가 처음 만난 날 주고받은 편지,

헤어진 친구가 자신을 잊지 말라고 준 함께 찍은 사진,

돌아가신 할머니가 떠 주신 목도리.

이런 선물은 돈으로는 값을 매길 수 없어.

그 선물에 담긴 의미는 이 세상에 단 하나밖에 없는 거니까.

✏️ **생각 키우기**

- 손으로 직접 쓴 편지는 좋은 선물일까, 아닐까?

- 기프티콘의 가격이 선물하는 사람 마음의 크기일까?

- 친구에게 어떤 선물을 하는 것이 가장 좋을까?

4

꿀팁 힘들이지 않고 얻는 유용한 정보

꿀팁 유용한 정보나 도움 되는 말이 꿀처럼 달다고 비유한 말

꿀팁은 아주 유용해요.

딱딱하고 어려운 일이 말랑말랑하고 쉬워져요.

누구나 아이디어를 내서 새로운 꿀팁을 만들 수 있어요.

물론 실패할 수도 있지만 실패는 성공의 어머니랍니다.

책을 쓸 때 어려운 단어가 나오면 한참 동안 고민하곤 해요.

'어린이들이 이 단어를 이해할까?'

그럴 때 책 한쪽 귀퉁이에 친절하게 설명을 넣기도 한답니다.

어린이들이 책을 읽다 막힐 때 그 설명을 읽으면

"아, 이거구나!" 하면서 빨리 이해하게 되지요.

우리에게 꼭 필요한 꿀팁은 어디에나 많습니다.

'요령'이라고도 부르는데, 요령을 알면 자신감이 생겨요.

그런데 꿀팁은 혼자만 알고 있으면 안 돼요.

주변 사람들과 나누고 함께 이용할 때

비로소 정말 많은 사람에게 꿀이 되는 거랍니다.

세상은 혼자 사는 곳이 아니라

더불어 사는 곳이기 때문에 더더욱 그렇지요.

라면을 끓일 때 건더기 수프를 넣지 않는 사람이 있어.

왠지 건더기 수프를 넣으면 맛이 텁텁하다는 거야.

쓰지 않은 건더기 수프는 버리기 아까워서 모아 놓았지.

어느 날 잔뜩 모은 건더기 수프를 가루로 만들어

조미료로 썼더니 정말 간편하게 채소의 깊은 맛이 우러나더래.

그 사람은 이 방법을 주위 사람들에게 알려 주었고

많은 사람들에게 꿀팁이 되었어.

꿀팁의 출발점은 창의성이야.

이렇게 해 볼까? 저런 방법은 어떨까? 거꾸로 해 볼까?

그렇게 전혀 상관없는 방법들을 연결하다 보면

놀라운 결과가 나오기도 해. 이런 게 바로 꿀팁이야!

묵은 때를 지우는 데 치약이 효과적이라는 것도

누군가가 용기 있게 도전해 본 결과야.

중요한 건 새롭게 도전하고,

그 도전을 통해 지혜를 얻었다는 사실이야.

창의성과 도전 정신이 꿀팁을 만들어.

• 경험이 소중한 이유는 무엇일까?

• 유용한 정보가 있다면 친구에게도 알려 줄 수 있을까?

• 나만의 꿀팁을 만들어 보자.

5 남사친 여사친 성장에 도움이 되는 존재

★고 박사님 생각★

여러분은 남자인 친구가 많나요? 여자인 친구가 많나요?

성별에 상관없이 친구는 서로의 다른 점과

차이를 이해하게 도와줘요.

남사친이나 여사친은 나의 성장에 큰 도움이 되는 존재예요.

친구란 편하게 대화할 수 있고

무리해서 잘 보여야 한다는 생각이 들지 않는

꾸밈이 없는 사이지요.

그래서 오래 만날 수 있고 서로 어떤 고민이나

속상하고 힘든 일도 솔직하게 털어놓을 수 있어요.

친구와 가끔 티격태격하기도 해요.

하지만 친구를 만나면 언제나 유쾌해요.

친구 사이에 남녀 구분은 필요하지 않아요.

그래서 나온 말이 남사친, 여사친이에요.

'남자 사람 친구', '여자 사람 친구'를 줄인 말이지요.

우정을 나누는데 남자인지, 여자인지는

그리 중요하지 않답니다.

세계적인 작가인 데일 카네기에게 기자가 물었어.

"당신은 인간의 발전에 대한 많은 책을 쓰셨습니다."

"그렇소."

"인간이 가진 가장 큰 능력은 뭡니까?"

카네기는 한참 생각하다 이렇게 말했대.

"친구를 사귈 수 있다는 점이오."

나는 사인회에 가서 내 책에 사인할 때, 꼭 이렇게 써.

"장애인의 친구 되세요."

친구가 있다는 거, 누군가의 친구가 된다는 건

정말 멋진 일이야.

남사친이든, 여사친이든, 장애인이든 상관없어.

친구는 내가 생각하지도 못한 걸 말해 주기도 하고

다른 시각으로 세상을 볼 수 있게 해 주거든.

그래서 친구는 늘 소중한 거야.

친구의 소중함을 잊지 않는다면 언제나 행복이 곁에서

떠나지 않을 거야.

친구가 되고 싶은 사람이 있다면 먼저 다가가 봐.

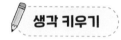 **생각 키우기**

• 친구는 왜 필요할까?

• 이성 간에도 진정한 친구가 될 수 있을까?

• 친구였다가 이성으로 보이는 건 나쁜 걸까?

6

내돈내산 흔들리지 않는 신뢰

내돈내산 자기 돈으로 사서 써 보고 추천함

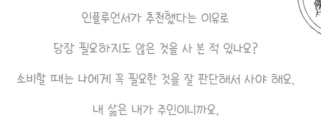

인플루언서가 추천했다는 이유로

당장 필요하지도 않은 것을 사 본 적 있나요?

소비할 때는 나에게 꼭 필요한 것을 잘 판단해서 사야 해요.

내 삶은 내가 주인이니까요.

유명 인플루언서가 나의 판단에 영향을 미칠 때가 많아요.

이미 많은 사람이 신뢰하고 있으니

그들이 추천하는 건 당연히 좋을 거라고 생각하지요.

인플루언서들의 영향력이 커지면

그들에게 물건이나 서비스를 제공하는 기업이 생겨요.

무료로 물건을 받거나 서비스를 이용하면

단점보다는 좋은 이야기만 하게 되죠.

인플루언서의 말을 믿지 못하는 사람들이 늘어나자

'내돈내산(내 돈 주고 내가 산)'이라는 말이 생겼어요.

내가 직접 사서 쓸 정도로 좋으니 믿어도 된다는 의미예요.

친구들에게 좋은 정보를 알려 주거나 추천할 때

이게 꼭 필요해요. 진정성!

"흔들리지 않는 게 나를 지키는 거야."

사람들이 광고를 통해 상품을 알리고 파는 건

절대 나쁜 일이 아니야.

우리는 자본주의 사회에 살고 있기 때문이야.

능력껏 물건을 알리고 팔아서 돈을 버는 건 정당해.

인플루언서가 광고비를 받거나 협찬받은 물건을 소개하는 것도

꼭 나쁘다고 할 수 없어.

내가 직접 물건을 사용하거나 알아보지 않아도

물건의 쓰임이나 좋은 점, 나쁜 점을 알 수 있으니까.

여러 물건을 사서 써 보는 데 드는 돈과 시간을 줄일 수 있거든.

하지만 아무런 기준 없이 남의 판단에만 의지해서 소비하면

필요하지 않은 물건을 사기도 해.

나에게 필요한 건 내가 가장 잘 알아.

남이 대신 결정할 수 없지.

현명한 소비를 위해서는 자신에 대해 잘 알아야 해.

나의 중심을 지키고 누구에게도 흔들리지 않는 게

나를 지키는 거야.

✏️ 생각 키우기

- 인플루언서가 추천해서 따라 사는 건 모두 나쁜 걸까?

- 예산에 맞는 현명한 소비를 하기 위해
  가장 먼저 해야 할 일은 무엇일까?

- 충동구매를 줄이려면 어떻게 해야 할까?

7

단톡방 이해와 소통의 장소

단톡방 여러 사람이 간편하게 대화를 나눌 수 있는 단체 채팅방

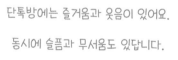

단톡방에는 즐거움과 웃음이 있어요.

동시에 슬픔과 무서움도 있답니다.

단톡방은 사람이 만든 것이기 때문이에요.

단톡방이 좀 더 현명하게 소통하는 도구가 되었으면 해요.

단톡방에서는 자기의 생각과 의견을

얼마든지 털어놓고 말할 수 있어요.

단톡방도 자그마한 교실이나 사회가 되었으니까요.

미워하는 사람도 생기고, 좋아하는 사람도 있고,

서먹서먹했던 친구와 친해지기도 해요.

하지만 누군가를 따돌리거나 비밀을 알아내서 괴롭히기도 해요.

소통을 잘 하려고 만들었는데 부작용이 생겼어요.

중요한 건 단톡방이 세상의 전부가 아니라는 점이에요.

나쁘게 이용하는 사람들 때문에 상처받을 필요 없어요.

그런 사람들이 잘못한 거예요.

"서로에게 빛과 같은 존재가 되어야 해."

단톡방은 우리 일상에 깃든 작은 피난처 같아.

가까운 친구들, 가족 등 사람들과의 따뜻한 대화로 가득 차 있어.

소소한 일들을 나누며 서로의 기쁨과 슬픔을 함께해.

웃음이 넘치고 위로와 격려의 말을 주고받지.

몸은 멀어도 마음은 가까이 있는 것처럼 느껴져.

이건 마치 마법과도 같아. 시간과 공간을 초월한 마법.

다만 단톡방에서 대화할 때는

서로를 이해하고 상대방 입장에서 배려하는 마음이 필요해.

왜냐하면 숨김없는 내 모습이 드러날 수 있거든.

단톡방에서 서로에게 빛과 같은 존재가 되어 보는 건 어떨까?

누군가를 헐뜯고 욕하고 비난해서는 안 돼.

서로가 서로에게 얼마나 소중한지 깨닫고 함께하면서

어려움을 극복해야 해.

단톡방에서 진정으로 위로를 경험하고

삶의 아름다움을 느꼈으면 해.

✏️ 생각 키우기

• 단톡방에서 만나는 친구들과 교실에서 보는 친구들은
  어떤 점이 다를까?

• 단톡방을 이용하면 인간관계가 더 좋아질까?

• 개인의 사생활은 어떻게 보호해야 할까?

8

독서 성장을 위한 필수 영양소

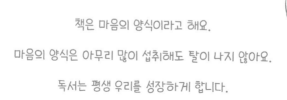

책은 마음의 양식이라고 해요.

마음의 양식은 아무리 많이 섭취해도 탈이 나지 않아요.

독서는 평생 우리를 성장하게 합니다.

책을 좋아하는 어린이 중에는 공부를 잘하는 어린이가 많아요.

그런 어린이들에게 이유를 물어보면 여러 가지 대답을 해요.

문해력이 좋아진다, 상상력이 풍부해진다 등.

책의 가장 큰 장점은 집중력을 높여 준다는 점이에요.

독서를 할 때는 글자를 하나하나 참고 읽어야

내용을 잘 파악할 수 있어요.

이렇게 매일 반복하다 보면 자연스럽게 집중력이 길러져요.

독서는 우리를 좀 더 나은 사람, 지혜로운 사람으로 만들어 줍니다.

훌륭한 어른이 되는 기초 체력을 기르는

아름다운 행위라고 할 수 있어요.

화려하고 빠르고 짧은 영상에 길든 마음을

독서를 통해서 힐링하면 좋겠어요.

많은 이로움이 내 것이 되니까요.

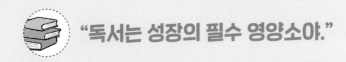

독서는 꼭 공부에만 도움을 주는 게 아니야.

치유와 평온을 주는 소중한 활동이야.

책 속에는 다양한 이야기와 경험이 담겨 있기 때문이지.

재미있는 이야기를 읽다 보면

우리는 일상의 스트레스와 고민을 잊을 수 있어.

책 속으로 빠져들면 마음이 편안해지고

마치 다른 세계를 여행하는 듯한 느낌이 들어.

조선 시대에는 책이 무척 귀했어.

돈 받고 책을 읽어 주는 사람이 있을 정도였어.

오늘날의 드라마나 인터넷보다 더 인기가 많았대.

사람들의 마음을 위로하고 흥미진진한

재미와 기쁨을 주기 때문이야.

게다가 독서는 우리의 지적 호기심을 충족시켜 줘.

모르는 걸 알려 주고 새로운 관점을 제공하기도 해.

책 속 주인공의 감정을 이해하고 공감하는 능력도 길러 주지.

그러다 보면 이해심 넓은 사람이 되고 인기가 많아질 거야.

고난을 극복한 인물들의 이야기에서는 용기를 얻을 수도 있어.

독서는 우리를 지속적으로 성장하고 발전하게 해 줘.

독서를 하면 더 나은 사람이 될 수 있어.

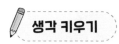 **생각 키우기**

- 책을 읽으면 어떤 좋은 점이 있을까?

- 좋아하는 책은 무엇이며 그 이유는 뭘까?

- 효과적으로 독서하는 방법이 따로 있을까?

9 돈 노력의 대가

돈 노력이나 시간, 사물의 가치를 나타내는 교환 수단

★고 박사님 생각★

이 세상에 공짜는 없다고 해요.

무슨 일을 하든 그만큼의 대가(용돈, 칭찬, 선물 등)를 받지요.

돈이라는 건 거의 모든 사람이 원하고 좋아하지만

얻는 건 결코 쉽지 않아요.

옛사람들은 필요한 물건이 있을 때 돈 대신

서로 필요한 물건을 주고받는 물물 교환을 했어요.

그러다 보니 아주 불편했답니다.

생선을 쌀로 바꾸려고 이동하다 생선이 상하기도 했어요.

지금은 종이나 신용카드를 돈 대신 사용할 수 있어서 아주 편리해요.

돈은 우리 생활과 밀접한 관계가 있어요.

먹고 입고 자는 등 기본 삶을 유지하고,

갖고 싶은 것을 사고, 공부를 할 때도 돈이 필요하기 때문이죠.

성경이나 불경에도 돈에 대한 이야기가 많이 나온답니다.

한글에도 돈과 관련된 단어가 수백 개나 되지요.

돈을 벌려면 어떻게 해야 할까요?

내 노력과 내 수고로 정정당당하게 벌어서 소중하게 써야 해요.

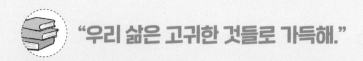
"우리 삶은 고귀한 것들로 가득해."

일본의 소프트뱅크라는 큰 회사를 세운 손정의 회장이 말했어.

"가족도 없고, 돈도 명예도 원하지 않는 사람이

가장 무서운 사람이다."

돈이 있으면 못 하는 일이 없어.

어려운 일도 빨리 해결할 수 있지.

그런데 그 사람은 돈에 대해 욕심이 없으니

어떤 방법으로도 유혹할 수 없다는 뜻이야.

하지만 돈으로 살 수 없는 것도 많아.

어린아이의 해맑은 미소, 가족이 단란하게 모여 앉아

소박한 저녁 식사를 함께하는 행복,

어려운 사람을 보고 사랑의 손길을 내미는 따뜻한 마음.

이런 건 돈으로 살 수 없어.

모든 걸 돈으로 해결하겠다는 생각은 잘못된 거야.

돈은 우리가 편하게 살 수 있도록 하는 수단일 뿐이야.

결코 목표가 될 수 없지.

우리 삶은 돈으로 살 수 없는 고귀한 것들로 가득하다는 걸 잊지 마.

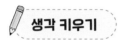
- '돈을 잘 쓰다'라는 말은 어떤 뜻일까?

- 돈이 많으면 어떤 점이 좋을까?

- 돈으로 살 수 없는 것은 무엇일까?

10 디엠 누구에게나 어디서나 연결

요즘 북극 날씨는 어때?

얼음이 많이 녹았지만 여전히 추워!

너를 위해 목도리를 떴는데 마음에 들면 좋겠어.

네가 만들어 준 거라면 뭐든 좋아♥

디엠　SNS에서 개인에게 보내는 메시지

디엠(DM)은

다이렉트 메시지(Direct Message)를 줄인 말로,

직접 말을 건다는 뜻이에요.

용기만 있다면 전 세계 누구와도 연결될 수 있어요.

디엠은 새로운 기회를 열 수 있는 장치와도 같아요.

이제 디엠으로 어느 곳에 있건, 어느 나라 사람이건

언제든 소통할 수 있고 친구가 될 수 있어요.

내 생각이나 의견을 직접 말할 수도 있고,

궁금한 걸 물어볼 수도 있고,

답답한 점을 이야기할 수도 있지요.

하지만 유명 인사나 연예인들은

하루에도 수많은 사람들이 보내는 디엠을

다 보지 않을 수도 있어요.

잘못하면 누군가에게 부담이 될 수도 있으니

조심해서 사용해야 해요.

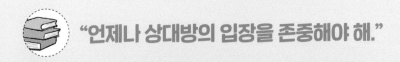

"언제나 상대방의 입장을 존중해야 해."

요정 다프네는 굉장히 아름다웠대.

사랑의 신인 에로스의 화살에 맞은 아폴론은

다프네를 보자마자 반해 버렸지.

다프네가 싫다고 하는데도 계속 쫓아다녔어.

결국 다프네는 신에게 자신을 나무로 만들어 달라고 했어.

그래서 다프네는 월계수가 되고 말았지.

아폴론은 슬퍼하며 후회했지만 때는 늦었어.

디엠은 우리에게 새로운 소통 창구를 열어 주는 편리한 도구야.

서로를 깊이 이해하고 소통할 수 있는 방법이지.

하지만 편리한 만큼 디엠을 사용할 때는 조심해야 할 게 있어.

일방적으로 자신의 생각이나 요구를 보내는 건 옳지 않아.

아폴론처럼 후회하게 될 수도 있으니까.

디엠을 받는 상대방의 감정과 입장에서 생각해 보고

존중하며 사용하도록 해.

개인 정보를 공유할 때도 조심해야 하고.

54

지킬 것들을 잘 지키며 디엠을 잘 사용한다면

새로운 세상을 향해 나아갈 수 있어.

디엠을 통해 온 세상을 나의 것으로 만들어 보면 어떨까?

디엠을 잘 활용해서 새로운 친구를 사귀고,

더 깊은 우정을 나누고, 더욱 친해지면 더 바랄 나위가 없어.

✏️ **생각 키우기**

• 원치 않는 사람에게서 디엠을 받으면 어떻게 해야 할까?

• 디엠 말고 다른 소통 방법은 어떤 게 있을까?

★고 박사님 생각★

인간의 일을 대신 하는 로봇이 늘고 있어요.

로봇을 만드는 기술이 발전하면 우리 삶은 얼마나 달라질까요?

이러다 인간은 아무것도 안 하게 될지도 몰라요.

과거를 그리워하며 다시 일을 하고 싶어질까요?

미래 사회에서는 로봇이 큰 역할을 할 거예요.

지금도 다양한 곳에서 인간을 대신해

위험하거나 정교한 작업을 하는 로봇이 있어요.

스포츠 경기를 하거나 집안일을 하는 로봇도 있다고 해요.

로봇은 인공 지능(AI)의 발달로

점점 더 인간과 비슷해지고 있어요.

공상 과학 소설에서는 로봇이 인간을

지배하는 모습이 등장하기도 해요.

무서운 상상이지만 어디까지나 로봇은 인간이 만들어요.

우리가 필요할 때 편리하게 사용하면 되니까

미리 두려워할 필요는 없겠죠?

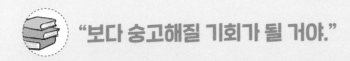

기술이 점점 더 발전해 인간이 로봇을 잘 이용하게 된다면

인간의 삶은 더 풍요로워질 거야.

어렵고 힘든 일은 로봇에게 맡기고 편해진 만큼

우리는 행복해지기 위해서 시간을 쓰는 거지.

로봇이 정말 인간의 일을 다 한다면 인간은 뭘 해야 할까?

어쩌면 먹고사는 문제도 해결될 거야.

힘든 일도 안 하게 되겠지.

그러면 인간은 신처럼 살지도 몰라.

그리스 로마 신화에 나오는 신들은 서로 존중하며

우아하게 지냈어.

우리도 그렇게 살게 되지 않을까?

영혼이 살찌고, 교양과 철학이 빛을 발할지도 몰라.

다만 인간이 로봇의 주인이라는 사실을 절대 잊으면 안 돼.

주인이 되려면 어떻게 해야 할까?

로봇에 대해 잘 알아야 할 거야.

로봇과 관련된 꿈을 가져 보는 건 어때?

🖋 생각 키우기

- 로봇이 인간의 일을 다 한다면 인간은 뭘 해야 할까?

- 영화에서처럼 로봇이 마음을 가지면 어떻게 될까?

- 로봇과 친구가 될 수 있을까?

12

명품 뛰어난 가치의 증거

명품 세계적으로 널리 이름난 물건이나 작품

★ 고 박사님 생각 ★

명품은 최고의 장인이 최고의 재료로

오랜 시간 공을 들여 만들어요.

여러분의 삶은 명품 인간이 되기 위한 과정이에요.

어른들의 허영심이나 과시욕에 물들면 안 돼요.

엄청 비싸고 구하기도 어려운 명품을

왜 사람들은 갖고 싶어 할까요?

가지고 있으면 부자가 된 느낌이 들어서일까요?

바로 명품이 가진 이미지 때문이에요.

오랜 시간 동안 높은 품질을 유지하기 위해 노력하고

많은 사람들에게 인정받았기 때문에

명품은 시간이 지날수록 더 가치가 높아지지요.

명품을 사용하는 사람도 그만큼의 능력과 가치가 있는 사람이라고

봐 주길 바라는 마음일 거예요.

그래도 무리해서 명품을 사는 건 조심해야 해요.

더 중요한 곳에 쓸 돈을 낭비할 수도 있으니까요.

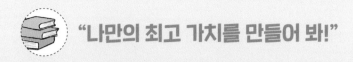

명품을 과하게 소비하는 사람들이 있어.

비싼 옷이나 고급 차 키, 시계를 찍어 SNS에 올리며

부를 과시하기도 하지.

구두나 장신구도 마찬가지야.

그런 사람에게서 명품을 다 걷어 내면 어떨까?

특별할 것 없이 평범한 사람이 될 거야.

명품으로 번지르르하게 빛을 내려 했을 뿐이지.

비싼 옷이나 가방이 없어도 빛이 나는 사람이 있어.

나라를 지키는 군인,

뜨거운 불에 뛰어들어 사람들을 구하는 소방관,

법과 질서를 지키고 유지하기 위해 애쓰는 경찰관 등.

이런 사람들은 명품을 걸치지 않아도 사람 자체가 명품이야.

명품을 가지려 하기 전에 내가 명품이 되면 어떨까?

놀라운 실력과 인격으로 남을 돕는 사람,

우리나라 발전에 크게 기여하는 사람.

이런 사람이 되면 명품을 걸친 사람보다 더 우러러볼 거야.

- 사람들은 왜 명품을 갖고 싶어 할까?

- 명품을 자랑하는 심리는 무엇 때문일까?

- 나 자신이 명품이 되려면 지금 무엇을 해야 할까?

13

반려동물 영원한 가족

반려동물 가족처럼 사람과 더불어 사는 동물

반려동물은 사랑을 주고받는 소중한 존재예요.

내가 태어나기 전부터 부모님과 함께 살고 있기도 하지요.

마치 형제자매 같아요.

어떤 나라에서는 잠시라도 보호자 없이

반려동물을 차 안에 두면 큰일 난다고 해요.

경찰이 와서 벌금 딱지를 뗀대요.

'반려(伴侶)'의 뜻은 '함께하는 가족'이라는 의미예요.

반려동물은 무엇과도 바꿀 수 없는 가족과도 같은 존재지요.

반려동물은 우리에게 무조건적인 사랑을 줍니다.

정서적 유대감을 나누고 안정을 얻을 수 있어요.

반려동물이 우리에게 주는 무한한 사랑과 신뢰만큼

우리도 그 사랑을 책임져야 해요.

언제나 생명을 존중하는 마음으로 동물을 대하고

동물을 좋아하지 않거나 무서워하는 사람도

존중해야 해요.

"책임이 따른다는 것을 절대 잊지 마."

가족과 지방에 다녀오는 길이었어.

갑자기 앞차가 뒷문을 열더니 귀여운 강아지 한 마리를 버리고는

문을 닫고 출발해 버렸어.

강아지는 위험한 도로에서 목숨 걸고 차를 쫓아갔지만

따라갈 수는 없었지.

한참을 달리던 강아지는 어느 순간 길가 풀숲으로 사라졌어.

이걸 본 우리 가족은 모두 몹시 화가 났어.

어떻게 함께 살아 온 가족을 길에 버릴 수 있지?

너무 무책임한 사람들이었어.

애타게 주인의 차를 쫓아가는 강아지의 심정을

저 사람들은 아는 걸까?

반려동물은 가지고 놀다 필요 없다고 버리는 물건이 아니야.

반려동물을 가족으로 받아들였으면 평생 책임을 져야 해.

부모님이 나를 낳아 기르고 평생 지켜 주는 것과 다를 바 없어.

반려동물에게는 함께 사는 가족이 세상의 전부야.

사랑에는 언제나 책임이 따른다는 것을 절대 잊지 마.

- 우리 주변에 사는 동물을 어떻게 대해야 할까?

- 동물도 사람처럼 생각을 할까?

- 반려동물을 가족으로 맞이하려면 어떤 준비를 해야 할까?

14

성형 수술 아름다움을 향한 욕망

성형 수술 좀 더 아름답게 보이도록 교정하거나 회복시키는 수술

우리는 각자 자기만의 외모와 개성을 가지고 태어납니다.

타고난 외모에 집착하거나 부러워할 필요는 없어요.

나에겐 다른 사람에게 없는 또 다른 능력이 있기 때문이에요.

사람들은 사과를 고를 때도 더 예쁜 사과를 고르고,

차를 한잔 마셔도 아름다운 카페에 가서 마시고 싶어 해요.

외모가 아름다우면 처음 만난 사람에게 호감을 줄 수 있고,

주위 사람들에게 관심과 사랑을 많이 받아요.

그러다 보니 많은 사람이 성형 수술을 해요.

아름다움의 기준은 무엇일까요?

옛날에 미인을 그린 그림을 보면 지금과는 달라요.

통통하게 살이 찐 모습을 아름답다고 할 때도 있었고,

조선 시대에는 쌍꺼풀이 없는 작은 눈을 가진 사람을

아름답다고 하기도 했어요.

이처럼 아름다움의 기준은 시대에 따라 얼마든지 바뀔 수 있어요.

그러니 남들이 만든 기준에 나를 맞출 필요는 없어요.

"남의 기준에 나를 맞출 필요는 없어."

성형 수술은 질병 또는 사고로 심하게 다치거나

남과 다른 모습으로 태어난 사람들의 신체나 얼굴을

회복하거나 치료하기 위해 생겨났어.

요즘은 아름다워지기 위해 성형 수술을 많이 하지.

성형 수술은 외모에 콤플렉스가 있거나 트라우마가 있는 사람에게

도움이 된다고 해.

자신의 외모에서 부족한 부분을 채우는 건 나쁜 일이 아니야.

다만 너무 아름다운 외모만 좇는 건 경계해야 해.

성형에 중독되어 목숨을 잃는 사람도 있어.

수술 부작용 때문에 몸이 아프거나

오히려 더 큰 흉이 생길 수도 있어.

그리스의 위대한 철학자 소크라테스는 대머리였어.

한글을 만든 세종대왕님은 무척 뚱뚱했대.

천재 물리학자인 스티븐 호킹 박사는

몸을 마음대로 움직이지 못하는 장애인이었어.

외모의 아름다움은 훌륭한 사람이 되는 것과 상관없어.

내면과 외면이 적당하게 조화를 이루는 게 가장 좋아.

정말 중요한 건 외모가 아니라 실력과 인성,

사랑을 품은 마음이야.

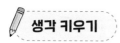 **생각 키우기**

• '아름답다, 예쁘다'의 기준은 무엇일까?

• 우리 모두는 다 다르게 생겼는데 왜 성형 수술로
  다른 사람을 닮으려 하는 걸까?

• 성형 수술에 중독되는 이유는 무엇일까?

15

셀카 일상의 기록

셀카 자신의 모습을 직접 찍은 사진

스마트폰 기능 가운데 가장 인기 있는 기능은 셀카예요.

자신의 모습을 원하는 대로 직접 보고 찍을 수 있으니까요.

내 모습을 아름답게 보여 주는 것은 멋진 일이에요.

많은 사람들에게 나의 멋진 모습과 함께

행복한 순간을 보여 주는 사진을 셀카라고 해요.

마음에 드는 사진이 나올 때까지 몇십 장씩 찍기도 해요.

남들에게 내가 이만큼 행복하고

좋은 곳에 와 있다고 알리고 싶어서일 거예요.

이런 사진에 사람들이 반응하고 SNS 팔로우가 늘면

자존감이 올라가고 행복해지지요.

하지만 문화 유적지나 박물관에 가서도

셀카를 찍느라 주위에 피해를 주는 건 안 돼요.

정작 봐야 할 것을 놓칠 수도 있고요.

늘 그렇듯 지나치면 올바르지 않은 일이 벌어져요.

정말 아름다운 건 내 안에 있는 아름다움이에요.

"중요한 건 나를 바라보는 내 마음이야."

엘리베이터 안에는 대부분 거울이 걸려 있다는 거 알고 있어?

왜 거울이 있는 걸까?

처음 엘리베이터가 등장했을 때, 속도가 너무 느려서

사람들이 불만이 많았대. 그때 생각해 낸 게 거울이었어.

거울에 비친 자기 모습을 점검하고 살피느라

엘리베이터가 느리다고 느끼는 사람이 줄었던 거야.

한 가지 이유가 더 있어.

거울이 있으면 혼자 있어도 혼자만의 공간이라고 생각하지 않고

남이 보고 있다고 느끼기 때문이래.

문제 행동을 하는 사람에게 그 모습을 영상으로 찍어서

보여 주면 너무나도 낯선 자신의 모습에 깜짝 놀란대.

"내가 저렇게 행동했다고?" 하면서 말이지.

그러면서 자신의 문제 행동을 반성하고 고치기 위해

노력하게 된다고 해.

셀카를 통해 자기 자신을 남의 시각으로 바라보면 어떨까?

셀카를 찍으면 다른 사람에게 내가 어떻게 보일지 알게 되고

더 예쁘게 찍으려고 카메라 각도를 조절하고 배경을 골라.

그렇게 해서 맘에 드는 사진을 얻으면 자존감도 올라가.

나는 남이 봐도 멋지다고 생각하니까.

맞아. 나는 우주에 단 하나밖에 없는 멋진 존재야.

거울을 보면서 단점보다는 좋은 점, 예쁜 모습을

더 찾았으면 해.

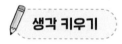

- 사람들은 왜 예쁘게 사진을 찍고 싶어 할까?

- 남이 찍어 주는 사진과 내가 찍는 사진은 왜 다를까?

★고 박사님 생각★

짧은 영상은 아주 매력적이에요.

싫증 낼 겨를도 없이 우리에게 즐거움을 주지요.

하지만 중독 위험이 있습니다.

밥 먹는 것보다 더 좋으면 위험해요.

숏폼이란 인내심이 약한 요즘 사람들의 성향에 맞춰

영상을 짧게 편집해 보여 주는 건데

굉장히 인기가 많아요.

사람들은 숏폼 촬영 자체를 하나의 재미난 놀이로 생각해요.

사진보다 생동감 있고 쉽게 추억을 남길 수 있기 때문이에요.

하지만 숏폼을 자주 보면 인내심이 점점 줄어들어요.

조금이라도 지루하다고 느끼면 다음 영상으로 넘겨 버리니까요.

그래서 집중력도 짧아진답니다.

뭔가 이루려면 재미없는 것도 참고 해낼 줄 알아야 해요.

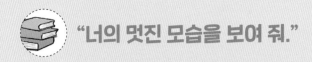

"너의 멋진 모습을 보여 줘."

에이브러햄 매슬로우라는 심리학자의 연구에 따르면

인간에게는 다섯 단계의 욕구가 있대.

생리적 욕구 – 안전 욕구 – 소속감·애정 욕구 – 존경 욕구 – 자아실현 욕구

남에게 나의 멋진 모습을 보여 주고 싶은 욕구가

바로 다섯 번째 자아실현 욕구야.

숏폼은 이런 욕구에 가장 잘 맞아.

온 세상 사람들에게 내가 찍고 편집한 영상을

순식간에 보여 주고 '좋아요' 반응을 바로 확인할 수 있으니까.

숏폼 영상은 굉장히 다양해.

멋진 묘기를 자랑스럽게 보여 주기도 하고,

노래하는 모습을 촬영해서 올리기도 해.

숏폼을 통해 우리는 새로운 친구들을 만나고

다양한 문화를 경험할 수 있어.

숏폼은 우리에게 즐거움과 창의성을 줘.

새로운 것을 배우고, 새로운 친구들과 소통하면서

성장할 수도 있지.

숏폼을 이용할 때에는 조심해야 할 점도 있어.

관심을 끌기 위해 너무 위험한 묘기나 실험을 하면 곤란해.

노출이 많은 옷을 입고 자극적인 영상을 찍는 것도

다시 생각해 줘.

다른 사람들을 존중하고 배려하면서 이용하길 바랄게.

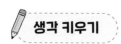 생각 키우기

• 유튜브 영상과 숏폼의 차이점은 무엇일까?

• 빠르게 얻은 정보는 우리에게 얼마나 도움이 될까?

17 스마트폰 내 손 안의 세상

스마트폰 통신과 데이터를 보내거나 받을 수 있는 무선 기기

고 박사님 생각

스마트폰은 우리 생활 깊숙이 들어와 있어요.

잠시도 눈과 손에서 뗄 수 없어요.

하지만 그전에 우리 마음에 무엇이 있었나 생각해 봐요.

중요한 걸 잊고 있는 건 아닐까요?

스마트폰은 인류의 삶과 문화를

순식간에 바꿔 버린 놀라운 도구예요.

스마트폰으로 모든 것을 해결할 수 있으니

대부분의 사람들이 손에 들고 있지요.

스마트폰만 보며 걷다가 사고가 나기도 해요.

만약 스마트폰을 잃어버리거나 못 쓰게 되면 어떻게 될까요?

아마도 대혼란이 올 거예요.

우리는 지나치게 스마트폰에 의존하고 있어요.

스마트폰의 주인은 바로 '나'입니다.

공부를 할 때는 잠시 멀리 둘 수도 있어야 해요.

어디까지나 스마트폰은 우리 삶을 편리하게 해 주는

도구일 뿐이니까요.

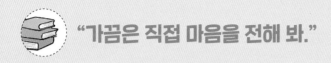
"가끔은 직접 마음을 전해 봐."

스마트폰을 잠시 내려놓아 봐.

순수한 마음으로 어둠 속에서도 빛이 되는

따뜻한 생각을 해 봐.

마음속 깊은 곳에서 우러나오는 감정의 바람을 느껴 봐.

서툴지만 친구와 눈을 마주 보며 나누는 말 한마디가

봄바람이 되어 꽃을 피우게 할 수 있어.

우리의 마음이 작은 나무가 될 수도 있지.

서로의 마음을 찾아가며 어우러질 수도 있고.

작은 언어와 몸짓이 쌓이면 우리 가슴에

마음의 꽃이 한 송이씩 피어날 거야.

함께 더 밝고 아름다운 세상을 만들 수 있어.

가끔은 직접 마음을 전해 봐.

스마트폰을 통한 연결이 아니라

마음과 마음, 눈과 눈이 마주하는 연결.

문자나 통화가 아닌 직접 얼굴을 보며 대화하는 힘이

얼마나 큰지 깨닫게 될 거야.

• 스마트폰은 우리 삶을 어떻게 변화시켰을까?

• 스마트폰 사용 시간은 어느 정도가 적절할까?

• 스마트폰을 사용하지 않고 놀 수 있는 방법을 생각해 보자.

18 썸 호감의 출발

썸 서로 호감을 느낄 때 미묘하게 좋은 느낌

★ 고 박사님 생각 ★

남자와 여자가 서로에게 관심이 있는 건

지극히 자연스러운 일이랍니다.

하지만 좋아하는 감정을 표현하기는 어려워요.

대화를 나누면서 다양한 감정과 관계를 이해할 수 있어요.

조심스럽게 서로에게 다가가는 감정이

'썸'이라고 할 수 있지요.

조심스럽다는 건 자기를 보호하려는 마음이에요.

누군가를 좋아하는 건 무척 행복하고 기분 좋은 감정이지만

두렵고 불안하기도 해요.

좋아하는 사람이 나를 거절하거나 외면하면

상처를 입을 것 같아서예요.

상대방이 다른 친구를 좋아할 수도 있고,

나를 좋아하지 않아서 실망하기도 해요.

썸은 진짜 내가 좋아하는 사람을 만나는 과정이에요.

좋은 친구를 사귀기 위한 연습이라고 생각해요.

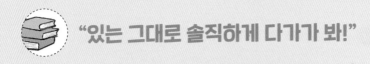

"있는 그대로 솔직하게 다가가 봐!"

아는 만큼 보인다고 했어.

좋아하는 친구에 대해 알면 알수록 더 좋아질 거야.

누군가와 썸을 타는 건 그만큼 나의 감성이 살아 있다는 거야.

'좋아하는 사람에게 내 마음을 어떻게 전할까?'

'그 아이도 나를 좋아할까?'

'이런 감정은 아무도 모르게 숨겨야 할까?'

'내 고백을 거절하면 어쩌지?'

이런저런 생각에 고민하고 실망도 할 거야.

때론 상처를 받을 수도 있어.

우리는 이런 과정에서 사람을 대하는 방법을 배우고 성장해.

중요한 건 솔직하게 상대방에게 다가서야 한다는 거야.

마음을 표현해야 관계를 더욱 깊고 의미 있게 만들 수 있어.

다만 기억해야 할 게 있어.

상대방의 마음은 나와 다를 수 있어.

그런 마음을 존중해야 해.

나도 소중하지만 상대방도 소중하니까.

 **생각 키우기**

- 엄마와 아빠는 어떻게 사귀어 결혼했을까?

- 계속 썸만 타면 어떻게 될까?

- 내가 상상하는 이상적인 이성 친구에 대해 이야기해 보자.

케이팝 열풍으로 많은 아이돌들이

전 세계를 무대로 멋지게 활약하고 있어요.

그런 모습을 보면서 아이돌이 되고 싶은 친구도 많을 거예요.

하지만 아이돌이 되기 위해서는

엄청난 노력을 해야 한다는 거 알고 있나요?

아이돌은 엄청난 재능을 가진 춤꾼이면서 가수입니다.

무대 위에서 스포트라이트를 받는 모습은

굉장히 화려하고 멋지지요.

몇몇 아이돌은 전 세계 다양한 팬들에게 사랑을 받고

영향력이 어마어마합니다.

어떤 외국인은 아이돌을 좋아해서

한국어를 배우고 한국에 와 보고 싶어 해요.

아이돌은 몇 분 남짓의 완벽한 무대를 보여 주기 위해

오랜 시간 엄청난 노력을 해요.

아이돌처럼 자신의 꿈을 향해 노력해 보면 어떨까요?

"노력 없이는 꿈을 이룰 수 없어."

무대 위 아이돌은 완벽하고 눈부셔.

그들의 멋진 공연을 즐기는 건 큰 기쁨이야.

노래를 따라 부르고 춤추는 것도 좋아.

스트레스도 해소할 수 있고

좋아하는 아이돌에 대해 친구들과 얘기하다 보면

시간가는 줄 몰라.

아이돌의 화려한 모습만 보고

아이돌이 되고 싶어 하는 친구들이 많아.

꿈을 꾼다는 건 좋은 거야.

마음속에 꿈을 품고 있다면 누구나 더 단단하게 자랄 수 있거든.

하지만 아이돌이 되기는 쉽지 않아.

무대 위나 카메라 앞에서는 당연히 화려하고 멋진 모습만 보여.

우리가 보는 건 아이돌이 엄청난 노력 끝에 얻은

영광이라는 걸 잊으면 안 돼.

사실 아이돌뿐만이 아니야.

어느 분야에서든 맡은 일을 잘 해내기 위해서는 노력이 필요해.

우리도 아이돌처럼 꿈을 향해 노력해야 해.

무대 아래에서 오랜 시간 아이돌이 흘린 땀과 노력을 잊지 마.

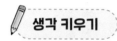 생각 키우기

- 좋아하는 아이돌이 있다면 어떤 점이 좋은지 이야기해 보자.

- 아이돌이 되기 위해서는 타고난 재능과 후천적인 노력 중
  무엇이 더 중요할까?

- 꿈을 이루기 위해 지금 어떤 노력을 해야 할까?

20 아파트 평수 마음의 넓이

평수 집의 넓이를 재는 단위로 동네마다 가격이 다름

여러분이 사는 집은 어떻게 생겼나요?

종종 친구가 어느 동네에 사는지, 몇 평에 사는지,

몇 동에 사는지 궁금할 때가 있지요.

이런 정보들은 친구를 사귀는 데 중요할까요?

네모난 아파트는 오늘날 사람들이 사는 집의

가장 일반적인 모습이 되었어요.

보통 같은 동네, 같은 아파트 평수에는

비슷한 경제력을 가진 사람들이 살곤 해요.

간혹 어떤 어른들은 비슷한 평수에 사는 아이들과 놀라고 하죠.

하지만 친구는 아파트 평수로 골라 사귀는 게 아니에요.

친구의 마음 넓이와 됨됨이가 중요해요.

작은 집에 산다고 마음이 작은 것도,

큰 집에 산다고 마음이 큰 것도 아니랍니다.

살다 보면 집 크기는 언제든지 바뀔 수 있어요.

하지만 좋은 친구의 마음은 언제나 변하지 않지요.

아파트 평수로 세상을 볼 필요는 전혀 없답니다.

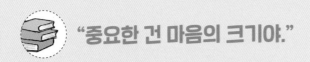

"중요한 건 마음의 크기야."

그리스의 철학자 디오게네스는 집 없이 나무로 만든 통에서 살았어.

어느 날, 대제국을 건설한 알렉산더 대왕이

디오게네스에게 와서 소원을 말하면 들어주겠다고 했어.

그 말을 듣고 디오게네스는 말했지.

"햇빛 가리지 않게 비켜 주십시오."

디오게네스는 권력이나 재산에 관심이 없었어.

삶에 있어 무엇이 가장 중요한지 알았기 때문이야.

알렉산더 대왕은 디오게네스에게 크게 감동을 받아서 이렇게 말했어.

"내가 알렉산더가 아니었다면 디오게네스가 되고 싶다."

알렉산더 대왕은 많은 나라와 돈, 권력을 모두 가졌지만

그런 건 곧 사라질 수 있다는 걸 깨달았지.

그래서 알렉산더 대왕은 모든 욕심에서 벗어나 자유롭게 사는

디오게네스가 부러웠던 거야.

이렇게 무엇을 중요하게 여기느냐에 따라

우리의 삶은 굉장히 달라져.

중요한 건 눈에 보이는 집 평수가 아니라 마음의 크기야.

디오게네스의 마음속 집은 우주만큼 크고 넓고 깊었던 거야.

너도 오늘부터 마음의 집을 크게 지어 봐.

✏️ 생각 키우기

• 내가 좋아하는 것들로 방을 채우려면 어느 정도로 커야 할까?

• 친구를 사귈 때 가장 중요한 것은 무엇일까?

21

연봉 분수에 맞는 능력

연봉 1년 동안 직장이나 일터에서 일하고 받는 돈의 총합

★고 박사님 생각★

어른들의 연봉을 궁금해하는 어린이들이 많아요.

아마도 부모님에게 돈을 많이 버는 게

중요하다는 말을 많이 들었거나

돈이 있으면 무엇이든 할 수 있다고 생각하기 때문일 거예요.

정말 그럴까요?

직장에 다니는 어른들은 일을 하고 돈을 벌어요.

1년 단위로 돈을 약속해 받기 때문에 '연봉(年俸)'이라고 하지요.

세상에는 많은 직업이 있고

일의 어려운 정도나 직위에 따라 연봉을 다르게 받아요.

하지만 연봉의 많고 적음이 그 직업의 가치와 같지는 않아요.

연봉이 적어도 훌륭한 일을 하는 사람이 많거든요.

연봉이 낮다고 힘든 일이나 이웃을 돕는 일을

아무도 하지 않는다면 우리 사회는 어떻게 될까요?

온통 쓰레기 천지가 되거나 자기만 아는 이기적인 사회가 되겠지요.

연봉만으로 직업이나 사람을 판단하는 건 곤란해요.

중요한 건 자기 능력에 맞는 일을 열심히 하는 게 아닐까요?

"내 능력을 남과 비교할 필요 없어."

사람은 저마다 능력껏 돈을 벌어.

물건을 만드는 사람도 있고, 그 물건을 시장에 팔거나

배달하는 사람도 있지.

이렇게 각자 자신의 능력에 맞게 일하고 생활하며

행복을 찾고 있어.

코끼리는 온 들판의 풀을 다 먹어야 배가 불러.

애벌레는 하루 종일 잎사귀 하나만 먹어도

아름다운 나비가 되지.

개미는 사람들이 흘린 과자 부스러기만으로도

겨울을 날 수 있어.

하지만 서로를 부러워하지 않아.

남의 것을 더 먹겠다고 욕심을 부리지도 않지.

능력을 기르다 보면 나에게 주어지는 대가도 커질 거야.

내가 잘할 수 있고 행복을 느낄 수 있는 직업을 찾아

꿈을 이루어야 해.

그게 중요해.

내 능력을 남과 비교하지 마.

아무 의미 없으니까.

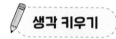
생각 키우기

- 연봉이 적어도 훌륭한 일은 무엇이 있을까?

- 연봉을 얼마나 받으면 행복할까?

- 만지는 것마다 금이 되는 미다스 왕은 왜 불행해졌을까?

22 유튜브 누구나 방송국

유튜브 다양한 영상을 올리고 자유롭게 시청할 수 있는 플랫폼

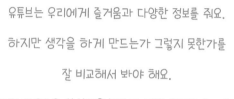

유튜브는 우리에게 즐거움과 다양한 정보를 줘요.

하지만 생각을 하게 만드는가 그렇지 못한가를

잘 비교해서 봐야 해요.

나의 자유로운 상상력을 방해하지만 않으면 좋아요.

과거에는 텔레비전에 나온 사람이 동네에 오면 난리가 났어요.

온 동네 사람들이 나와서 구경하고 맛있는 것을 대접하기도 했어요.

하지만 지금은 세상이 변했어요.

누구나 자신만의 방송국을 만들 수 있고,

휴대전화나 간단한 장비만 있으면 촬영할 수 있지요.

유튜브가 사람들의 삶에 끼친 영향은 정말 어마어마해요.

하지만 유튜브 역시 수없이 많은 콘텐츠로 사람들을 유혹해요.

재밌고 즐거운 내용도 많지만

올바르지 않은 정보나 위험한 내용도 있어요.

유튜브 속 세상이 전부는 아니에요.

"나만의 경쟁력을 만들어 봐."

내 어린 시절 최고의 즐거움은 독서였어.

오늘날 유튜브 자리를 과거엔 독서가 대신했지.

책은 마치 마법의 문 같아.

그 안에는 흥미진진한 모험들이 기다리고 있어.

종이책의 페이지를 넘기는 소리는

마치 나뭇잎 사이로 부는 바람 소리 같아.

책은 모든 걸 다 설명하지 않아.

글을 읽으며 머릿속에 그림을 그려야 완성되지.

우리는 주인공이 되기도 하고 활자 너머 세상을 상상해.

유튜브는 콘텐츠를 개발하고 촬영해 남들에게 보여 주는

미니 방송이야. 미래의 새로운 독서라고나 할까.

하지만 유튜브 영상을 그저 보기만 하면

일방적으로 정보를 받게 돼.

머릿속에 새로운 아이디어와 지식이 가득 차지도 않지.

내 생각이 들어갈 틈이 별로 없어.

방송을 누구나 할 수 있게 된 건 좋은 일이야.

그렇지만 유튜브에 너무 많이 빠지는 건 좋지 않아.

세상은 유튜브에 있는 것보다 훨씬 다양하고 현실적이야.

내 삶을 유튜브로 생각하고 멋지게 개발하려는 노력을 해야 해.

유익한 콘텐츠가 담긴 영상을 잘 골라 보고

다양한 책을 읽으며 나만의 영상을 만들어 보면 어떨까?

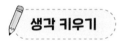

- 유튜브 영상을 모두 믿어도 되는 걸까?

- 유튜브를 좀 더 능동적으로 활용하는 방법은 무엇일까?

- 유튜브에서 유익한 콘텐츠를 고르는 방법은 어떤 게 있을까?

이모티콘 <small>백 마디 말보다 하나의 이미지</small>

이모티콘 감정을 재미있게 표현해 언어 역할을 대신하는 이미지

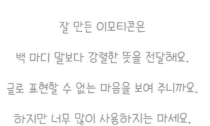

★고 박사님 생각★

잘 만든 이모티콘은

백 마디 말보다 강렬한 뜻을 전달해요.

글로 표현할 수 없는 마음을 보여 주니까요.

하지만 너무 많이 사용하지는 마세요.

"말로는 다 표현할 수 없어!"

"내 마음을 꺼내 보여 줄 수 있다면 좋겠어."

우리는 친구들과 소통할 때 이런 이야기를 많이 해요.

내 감정을 알려 주고 싶은데

말로는 충분히 표현할 수 없을 때가 있기 때문이에요.

이럴 때 우리는 이모티콘을 사용해요.

이모티콘은 찰떡같이 내 감정이나 할 말을 대신해 주지요.

귀엽고 친근한 이미지를 보면

미소가 지어지면서 행복하다고 느낍니다.

이모티콘은 보는 순간 이해가 되지요.

이모티콘을 잘 활용하면 상대방을 웃게도 하고

나의 감정을 쉽게 표현할 수 있어요.

"마음을 나누는 소중한 도구야."

최초의 이모티콘은 무엇일까?

프랑스의 작가 빅토르 위고는 책을 낸 뒤 독자들의 반응이

굉장히 궁금했대.

그래서 출판사에 보낸 편지에 이렇게 썼어.

"?"

그러자 출판사 역시 세상에서 가장 짧은 편지를 보냈어.

"!"

빅토르 위고가 독자들의 반응이 어떠냐(?)고 물었더니

너무 좋아서 감탄할(!) 정도라는 뜻으로 보낸 것이지.

과연 빅토르 위고가 쓴 책은 무엇일까?

바로 유명한 《레 미제라블》이야.

이처럼 이모티콘은 감정이나 말을 하나의 이미지로 압축해서

우리 마음을 전달하는 데 큰 역할을 해.

하지만 이모티콘을 너무 많이 쓰는 건 좋지 않아.

내 생각이나 글에 양념처럼 살짝 뿌렸을 때 효과가 높아.

이모티콘은 친구와 마음을 나누는 소중한 도구야.

과하지 않게 즐겁게 사용해서

상대방과의 소통을 특별하게 만들어 봐.

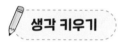

생각 키우기

- 어떤 순간에 이모티콘을 사용할까?

- 이모티콘을 만든다면 어떤 걸 표현하고 싶은지 생각해 보자.

- 이모티콘은 어느 정도 써야 적당할까?

24 이상형 마음속 완벽함

이상형 자신에게 가장 맞고 완전하다고 여기는 사람

★고 박사님 생각★

이상형을 말해 보라고 하면 흔히들 외모를 먼저 말해요.

성격이나 취미, 꿈이 맞는 이상형도 생각해 보세요.

외면도 중요하지만 내면도 그만큼 중요하답니다.

이상형은 내가 바라는 배우자나 이성,

친구를 원하는 기준이에요.

사람들에게 이상형과 가장 비슷한 사람이 누구냐고 물으면

대개 잘생기거나 아름다운 연예인을 먼저 떠올려요.

이상형의 기준을 외모로 정할 수도 있지만

외모는 시간이 지나면 변하는 거니까

정말 오래도록 변치 않는 것,

시간이 갈수록 빛나는 걸 가지고 있는 사람을

이상형으로 생각하면 참 좋겠어요.

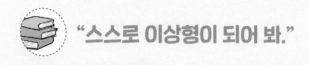

"스스로 이상형이 되어 봐."

지금 내가 처해 있는 현실이 아니라

내가 원하는 모습의 상상을 '이상'이라고 해.

꿈과도 비슷한 거지.

지금은 이루지 못하지만 언젠간 이루겠다는 목표도 '이상'이야.

사람들은 누구나 이상을 가지고 있어.

부자가 되겠다거나 대통령이 되겠다는 꿈도

다 자신의 이상이야.

이상을 정해서 노력하고, 실패해도 다시 도전하는 것은

아름다운 일이야.

이상형을 찾기 전에 내가 누군가의 이상형이 되어 보면 어떨까?

이상형이 된다는 건 매력적인 사람이 된다는 뜻이야.

외면의 아름다움도 좋지만 운동, 공부, 독서, 취미 등으로

내면의 힘을 길러서 매력적인 사람이 되어 봐.

🖊 생각 키우기

- 자신이 생각하는 이상형에 대해 이야기해 보자.

- 이상형은 바뀔 수 있는 걸까?

- 외면과 내면 중 어떤 것이 더 중요할까?

25 인스타그램 나를 알리고 싶은 마음

인스타그램 사진이나 동영상 공유와 소통에 중점을 둔 SNS

스마트폰으로 인스타그램을 하는 건

이제 하나의 문화가 되었어요.

하지만 인스타그램만이 나를 알리는 방법은 아니에요.

다양한 방법이 많으니까요.

인스타그램은 SNS 가운데서 나중에 나왔지만

전 세계 사람들에게 폭풍적인 영향력을 갖게 되었어요.

누구나 갖고 있는 스마트폰으로

멋진 사진을 찍어서 바로 공유할 수 있기 때문이에요.

글을 길게 쓸 필요도 없지요.

공부하는 모습, 여행하다 우연히 발견한 멋진 장소,

사랑스러운 반려동물, 맛있는 음식……

무엇이든 찍어서 올리면 사람들이 바로 반응을 보여 주지요.

사진이 조금 서툴고 어색해도 걱정하지 마세요.

가공하지 않은 솔직함도 장점이니까요.

물론 신박하고 재미있는 사진 필터도 많아요.

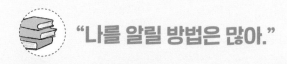

"나를 알릴 방법은 많아."

꿀벌은 꽃밭을 발견하면 즉시 자기 집으로 돌아가.

동료들에게 열심히 약속된 춤을 추며 꽃밭 위치를 알려 줘.

그러면 꿀벌들이 꽃밭으로 모두 몰려가지.

한마디로 꿀벌에게도 자신이 알고 있는 정보를

남에게 알려 주는 인스타그램이 있는 거야.

많은 팔로워를 가진 인플루언서들이 그런 역할을 해.

인스타그램을 한다면 내가 가장 관심이 있는 것에

초점을 맞추는 게 좋아.

취미 생활을 하는 모습을 올려 보는 것도 좋겠지.

이렇게 집중하다 보면 안목이 생기고

그 안목을 통해서 전문가적인 능력이 자라기 때문이야.

인스타그램을 이용해 사업을 하는 사람들도

바로 그렇게 했어.

선택과 집중은 인스타그램에서도 필요해.

하지만 인스타그램을 사용하는 것에 대해 깊이 고민해야 해.

얼굴, 목소리, 사는 곳, 친구 등등 의도하지 않게

개인 정보가 알려질 수 있기 때문이야.

자칫하면 범죄에 휘말리거나 내 정보가 범죄에 쓰일 수도 있어.

나를 알리는 방법은 인스타그램 말고도 많아.

공부나 운동을 열심히 하는 것, 미술이나 음악을 잘하는 것,

책을 많이 읽는 것…….

다 좋은 방법이라는 걸 잊지 마.

생각 키우기

- 인스타그램이 인기 있는 이유는 무엇일까?

- 인스타그램이나 SNS를 하지 않으면 뒤처진 사람일까?

인싸 아싸 모두 다 필요한 사람

| 인싸 | 어떤 조직이나 사회에서 주목받는 사람 |
| 아싸 | 주위와의 교류나 소통에서 소외되어 있는 사람 |

★고 박사님 생각★

인기가 많은 아이 주변에는 친구들이 많아요.

그렇지 않은 아이는 외롭다고 느끼기도 하지요.

하지만 어느 쪽이 좋다 나쁘다 말할 수 없어요.

전부 이 세상에 필요한 소중한 사람들이니까요.

사람들은 늘 다른 사람들과 어울려 살아요.

그중에는 많은 관심을 받는 사람도 있고

조용히 지내는 사람도 있지요.

요즘은 이런 사람들을 '인싸'와 '아싸'라고 불러요.

인사이더와 아웃사이더라는 말에서 온 신조어지요.

어린이 친구들은 어느 쪽에 더 가깝나요?

인싸인 사람은 인기가 있고, 아싸는 인기가 없다고 생각하나요?

각자의 성격과 행동, 뜻하는 바에 따라

드러나는 성향이 다른 것뿐이에요.

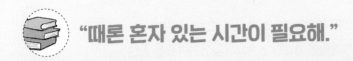

말이 많고 유쾌해서 인기가 많은 인싸 친구를 보면

부러운 마음이 들어.

인싸는 사람들을 기분 좋게 하고 분위기 메이커 역할을 하거든.

나는 왜 저런 용기가 없을까, 왜 친구들 앞에 나서기 어려울까

생각하곤 해.

인싸와 아싸, 어느 것이 좋다 나쁘다 말할 수는 없어.

아싸는 조용히 자기만의 시간을 가지며

관심 분야를 열심히 파는 사람이야.

위대한 업적을 세운 사람 중에는 아싸가 많아.

유명한 배우들의 이야기를 들어 보면 어린 시절 자신은

학교에 있었는지도 몰랐던 조용한 친구였대.

그런데 카메라 앞에서는 놀라운 에너지를 뿜어내.

이건 뭘 뜻할까?

인싸든 아싸든 누구나 에너지는 있다는 거야.

그 에너지를 언제 어디에서 잘 쓰느냐가 다를 뿐이야.

그러니 당연히 어느 게 좋다 나쁘다 이야기할 필요가 없어.

각자 자기가 원하는 일에 에너지를 쓰면 돼.

자기에게 주어진 성격대로 조화를 이루며 살면 되는 거야.

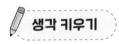 **생각 키우기**

- 인싸와 아싸의 장점과 단점은 각각 뭐가 있을까?

- 인싸가 아싸고, 아싸가 인싸인 건 아닐까?

- 인싸도 아니고 아싸도 아닌 사람도 있을까?

27 자존감 나를 지키는 성벽

자존감　남과 비교하지 않으며 자신을 존중하는 마음

자존심 강한 아이는 남에게 인정받고 싶어 해요.

자존감 강한 아이는 스스로 자신을 인정해요.

자존심은 자신을 남과 비교하게 해요.

자존감은 과거의 나와 지금의 나를 비교하게 하지요.

자존감은 스스로를 지키는 성벽이에요.

많은 스트레스와 상처로부터 자신을 안전하게 보호하지요.

자존감이 높을수록 어떤 일이든 해 볼 용기를 낼 수 있어요.

자존감은 그냥 쌓이지 않아요.

평소에 나를 존중하고, 힘든 일이 있어도

나를 지키는 훈련을 해야 해요.

물론 사랑을 많이 받을수록 자존감이 쌓여요.

자존감은 나 스스로도 키울 수 있어요.

작은 목표를 세우고 성취하는 것부터 시작해 봐요.

"나를 멋진 곳으로 안내해 주는 열쇠야."

자존감은 우리 삶의 중요한 부분 중 하나야.

높은 자존감은 스스로를 사랑하고 존중하는 데 도움이 돼.

누가 무슨 말을 한다고 해도 상처를 입거나 중심을 잃지 않아.

자신에게 자비롭고 이해심이 있는 자세를 취할 수 있어.

자존감이 높을수록 우리는 외부의 도전에 더 잘 대응할 수 있어.

현대 미술의 거장이라고 불리는 피카소가 식사를 하는데

어떤 사람이 다가와 그림을 하나 그려 달랬어.

피카소는 냅킨에 그림을 쓱쓱 그리더니 1억 원을 달라고 했대.

그림을 부탁한 사람은 당황해서 1분 만에 그린 그림이

어떻게 1억이냐고 화를 냈어.

그러자 피카소는 이렇게 말했어.

"이 그림을 그리기 위해 40년간 노력했습니다."

이렇게 자존감을 높이기 위해 우리는 항상 노력해야 해.

작은 목표를 정하고 해내는 것도 도움이 되지.

자존감은 자기 자신을 잘 아는 데서 시작해.

독서나 예술 활동을 통해 나는 어떤 사람인지,

어떤 일을 좋아하는지 발견하고 강화하면 좋아.

그러면 어제의 나보다 오늘의 내가 더 성장할 수 있지.

자존감이 높으면 우리 삶은 보다 긍정적이고 만족스러워져.

또 자존감은 내면의 평화와 안정을 찾을 수 있도록 도와줘.

자존감은 나를 더 멋진 곳으로 안내해 주는 열쇠야.

✏️ 생각 키우기

• 자존감과 자존심은 어떤 차이가 있을까?

• 자존감은 왜 길러야 할까?

• 자존감을 키우려면 어떻게 해야 할까?

멋지고 화려한 동작을 따라 하는 건 어려워요.

하지만 가만히 있는 건 더 어렵지요.

여러분은 자유분방하니까요.

무언가를 따라 하면서 새로운 걸 개발해 보세요.

유명한 노래의 안무를 따라 춰 본 적 있나요?

어떤 사람들은 원곡자보다 더 춤을 잘 춰요.

챌린지를 멋지게 성공하면 엄청 기뻐하지요.

챌린지는 생활 속에서 할 수 있는 작은 도전이에요.

이 밖에도 매일 운동을 한다거나 과제를 하는 것도 챌린지예요.

환경 보호를 위한 챌린지, 기부금 모금을 위한 챌린지도 있어요.

챌린지는 SNS나 온라인 커뮤니티에서 많이 해요.

참여한 사람들끼리 서로 결과를 공유하며

다른 사람들에게도 참여하도록 유도해요.

작은 챌린지를 하며 성공 경험을 쌓아 봐요.

작은 성공과 작은 도전은

큰 성공과 큰 도전을 만들어 내요.

"모방은 우리를 성장시켜."

어린이들은 종종 유명인의 춤이나 동작을 모방하며 도전해.

즐겁고 창의적인 방식으로 자신을 표현하는 거야.

이는 성장한다는 의미이기도 해.

다른 사람들의 어려운 챌린지를 보거나 동참하면서

성취감을 느끼고, 새로운 것을 배우고 발견하지.

침팬지들도 도구를 사용하는 그룹은 다른 그룹보다 강하대.

자신이 배운 도구 사용법을 어린 침팬지들에게도 가르친대.

어린 침팬지들은 거기에 또 새로운 방법을 더하며 성장하지.

모방은 창조의 어머니인 셈이야.

그렇기에 남을 따라 하는 도전은 중요해.

사람들 간의 유대감은 우리를 더 강하게 만들어.

무엇보다 도전을 통해 소질을 개발할 수도 있어.

누가 알겠어, 챌린지를 하던 아이가 오래지 않아

세계적인 스타가 될지.

세계적인 사회사업가가 될지도 몰라.

챌린지를 통해 함께 즐기고 영감을 주고받으면 좋겠어.

- 챌린지가 유행하는 이유는 무엇일까?

- 모방과 창조는 어떤 점이 다를까?

- 나만의 챌린지를 만들어 친구들과 도전해 보자.

29

축구 우리를 하나로 만드는 운동

발로 공을 차서 승패를 가르는 운동

★고 박사님 생각★

축구를 하면서 우리는 단합을 배우고

하나 됨을 느낄 수 있어요.

함께 응원할 때도 마찬가지지요.

뛰고 달리며 공을 던지거나 차는 행위는

인간의 본능에 가까운 일이랍니다.

특히 공을 발로 차는 운동은 굉장히 통쾌해요.

축구가 진짜 재미있는 이유는 골을 넣기 힘들 때

옆에 있는 친구에게 패스할 수 있다는 거예요.

내가 패스한 공으로 친구가 골을 넣으면

친구도 나도, 팀원들과 응원하는 사람들까지 모두 기뻐해요.

공 하나만 있으면 언제 어디서든 즐겁게 놀 수 있어요.

말이 통하든 안 통하든 누구와도 함께할 수 있지요.

월드컵 같은 국제 경기는 온 국민을 하나로 만듭니다.

축구는 재미도 있지만 체력도 기를 수 있어요.

인류가 살아 있는 한 축구는 영원히 사라지지 않을 것 같아요.

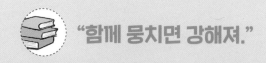

"함께 뭉치면 강해져."

인간은 사회적 동물이야.

혼자서 살 수 없다는 의미지.

꿀벌이나 개미만 사회적 동물이 아니야.

그렇기에 우리는 힘을 합쳐 뭔가를 해야 해.

인간은 도시를 건설하기도 하고 문명을 만들기도 하지만

싸우기도 하지.

전쟁이 모든 걸 걸고 상대방과 겨루는 거라면

이걸 운동장에 줄여 놓은 것이 축구라고 할 수 있어.

이기기 위해 감독이 작전을 짜고 선수들을 훈련시켜.

승리라는 목적을 이루기 위해 11명의 선수가

한마음으로 최선을 다하는 거야.

우리는 내가 좋아하는 팀과 내가 하나라고 생각해.

그러니 목청 높여 응원하는 거야.

비록 혼자서는 약한 존재지만 뭉치면 강해져.

마음이 하나로 굳게 뭉치면 이기고 지는 건 중요하지 않아.

최선을 다했다면 후회도 없어.

그래서 우리는 오늘도 축구 경기를 보면서 열광해.

그건 나를 응원하는 것이기도 하거든.

생각 키우기

• 축구를 왜 창의적인 예술이라고 할까?

• 축구를 할 때 작전이 필요한 이유는 무엇일까?

• 내가 뛰는 것도 아닌데 우리나라 선수들이 경기하는 모습을 보면
  왜 마음이 뜨거워질까?

30

탕후루 호기심을 자극하는 새로운 것

★고 박사님 생각★

낯선 것, 새로운 것에는 관심이 집중될 수밖에 없어요.

탕후루도 그중 하나예요.

하지만 너무 자주 먹으면 이가 썩을 수도 있겠죠?

유행은 자꾸 변하니까 '적당히'가 중요해요.

탕후루는 우리나라 아이들의 입맛을 사로잡은

중국에서 온 간식이에요.

여러 가지 과일을 설탕으로 코팅하면

바삭한 식감의 달고 상큼하고 맛있는 간식이 되지요.

사람들은 항상 새로운 것을 좋아해요.

새로운 맛, 새로운 친구, 새로운 문화……

낯설고 때로는 두렵지만 일단 해 보면

멋진 경험을 선사할 거예요.

호기심은 어린이들을 성장하게 하는 힘이에요.

"음식을 통해 문화를 즐길 수 있어."

《삼국지》를 읽어 보면 남쪽 지방에서 조조에게

귤을 진상품으로 보내는 대목이 나와.

요즘은 언제 어디서나 귤을 먹을 수 있지만

2,000년 전 중국 북쪽 지역에서는

따뜻한 곳에서 자라는 귤을 먹기 어려웠어.

바나나도 옛날에는 아주 비싸고 귀한 과일이었어.

다양한 과일로 만드는 탕후루도 우리나라에 없던 간식이야.

그러다 보니 탕후루를 먹는 경험은 즐거움과 만족감을 줘.

알록달록 화려한 모양과 톡톡 와작와작 터지는

재미있는 식감 때문에 탕후루를 먹는 모습이나 소리는

SNS에서도 인기가 있어.

음식은 하나의 문화야.

탕후루도 우리 사회의 다양성을 보여 주는 한 예라고 생각해.

하지만 제조 과정을 보면 설탕을 굉장히 많이 사용해.

너무 많이 먹으면 건강에 좋지 않겠지?

충치 지수가 가장 높은 젤리와 탕후루가 비슷하다고 하니
먹고 나면 양치질은 필수야.

✏️ 생각 키우기

• 유행을 따라 하는 건 좋은 일일까, 나쁜 일일까?

• 왜 사람들은 서로를 따라 하고 싶어 할까?

• 새로운 것들을 끊임없이 만드는 이유는 무엇일까?

31

편의점 <small>빠르고 편리한 상점</small>

편의점 24시간 각종 식료품과 생활용품을 파는 곳

우리가 사는 곳곳에는 편의점이 많아요.

편의점에서는 먹을 것부터 생활필수품까지

우리 생활에 필요한 것들을 사요.

언제나 빠르고 간편하게 이용할 수 있지요.

편의점은 시간을 절약할 수 있는 편리한 곳이에요.

'편세권'이라는 말이 생길 정도로 편의점이 가까운 곳이

살기 좋은 곳이라고 할 정도랍니다.

어떤 사람들은 편의점들의 특색 있는 제품을 다양하게 맛보고 싶어서

여러 브랜드의 편의점을 일부러 찾아다니기도 하고,

직접 각종 레시피를 개발해 SNS에 올리기도 해요.

기업에서는 그런 모습을 참고해 새로운 제품을 만들기도 하죠.

이처럼 편의점은 편리하면서 재미있기까지 해요.

빠르게 얻는다는 건 시간을 절약하고

노력을 줄일 수 있다는 말이에요.

아낀 시간과 노력을 다른 곳에 쓸 수 있죠.

"느리고 번거로워도 소중한 게 있어."

옛날에는 동네마다 구멍가게라 부르는 작은 상점이 있었어.

가게를 이용하는 사람들은 대부분 아는 사람들이어서

서로 안부를 묻기도 하고 이웃 간 훈훈한 정이 넘쳤지.

편의점은 큰 회사가 운영해.

편의점이 가까운 거리에 많이 생기다 보니

수백 수천 개 편의점이 서로 경쟁하고 있어.

앞다투어 자기네 편의점이 더 빠르고 더 간편하다고 강조해.

그러다 보니 여유 있고 다정하게 말을 건네거나

서로 안부를 묻는 일은 드물어.

편의점은 급히 먹거리나 생필품을 살 때 너무나 유용하지만

편리하고 빠른 게 다 좋은 건 아닌 것 같아.

부모님이 편리하고 빠르다고

매일 라면만 끓여 주지 않는 것처럼 말이야.

번거롭지만 따뜻한 밥에 국을 끓여 반찬까지 만들어 주지.

너무 편리한 것만 따르면 정말 중요한 '정'을 잃을 수도 있어.

느리고 번거롭더라도 소중한 게 있다는 걸 잊지 마.

✏️ 생각 키우기

- 빠르고 편리한 게 꼭 좋은 걸까?

- 주위에 편의점이 많으면 어떤 장점과 단점이 있을까?

- 무인 편의점은 왜 생길까?

평소 가 보지 못했던 나라에 가서 견문을 넓히는 것

★고 박사님 생각★

말도 잘 통하지 않는 낯선 지역이나 나라를 여행한다면

예상치 못한 일이 생기기도 해요.

하지만 이 세상에 해결 못 할 문제는 없어요.

창의성과 도전 정신을 가지고 여행을 떠나 보세요.

이제는 해외여행을 하기 쉬워졌습니다.

방학을 이용해 가족과 함께 여행을 다녀오기도 하고

가까운 이웃 나라로 수학여행을 가기도 해요.

다른 나라에 가서 새로운 문물을 보고 오는 건 중요해요.

내가 사는 방식, 우리 문화만이

이 세상 전부가 아니라는 걸 알게 되니까요.

삶에는 정해진 답이 없고, 문제를 해결하는 방법도

다양하다는 걸 깨달을 수 있어요.

넓은 세상을 보고 견문을 넓히면

분명 꿈을 키우는 데 큰 도움이 될 거예요.

"세상을 배우고 성장할 기회가 될 거야."

이탈리아의 작가 에드몬드 데 아미치스가 쓴

《사랑의 학교》에는 〈엄마 찾아 삼만 리〉라는 이야기가 나와.

아르헨티나로 일하러 간 엄마가 병에 걸리자

아들인 마르코는 엄마를 찾아 여행을 떠나.

여행을 시작하면서 여러 가지 어려움이 있었는데

마르코는 엄마를 만나겠다는 희망으로

포기하지 않고 용기를 내.

간신히 만난 엄마는 수술을 망설이고 있어.

마르코는 좌절하지 않고 엄마가 수술을 받을 수 있도록 도와.

마르코의 정성스런 간호로 엄마의 건강이 회복되자

안심하고 고향으로 돌아가지.

이탈리아 제노바에서 아르헨티나의 부에노스아이레스까지

마르코가 여행한 거리를 계산해 보면 지구 둘레의

약 3분의 2 만큼이라고 해.

여행을 하면 세상을 배우고 성장할 수 있어.

때로는 길을 찾느라 당황하고 힘들 수도 있지.

하지만 새로운 상황에 대처하다 보면

문제 해결 능력도 높아지고 임기응변도 늘 거야.

해외여행을 할 기회가 생긴다면 두려워하지 말고

용기를 내어 모험을 시작해 봐.

✏️ **생각 키우기**

• '귀한 자식일수록 여행을 보내라'라는 옛말은 무슨 뜻일까?

• 해외여행을 간다면 가 보고 싶은 나라와 이유는?

• 다른 나라의 문화를 받아들이는 올바른 태도는 무엇일까?

33

힐링 내면의 평화

★고 박사님 생각★

반려견과 산책하기, 음악 감상하기, 멍하니 있기.

무엇을 하건 내가 즐기고 편안함을 느끼면 힐링이 돼요.

여러분만의 힐링 방법은 무엇인가요?

사람들을 만나고 대화를 나누고 공부하는 일은

잘하고 못하고를 떠나서 스트레스를 받지요.

인간은 누구나 살면서 상처를 입어요.

몸의 상처, 마음의 상처, 정서적인 상처를

치유하지 않고 그냥 두면 더 크게 번지기도 합니다.

이럴 때 필요한 게 힐링이에요.

힐링은 상처를 잊을 만큼 즐겁고 편안한 상태예요.

사람에 따라 힐링 방법은 달라요.

맛있는 걸 먹거나 여행을 다니기도 하고,

영화를 보거나 좋아하는 일을 하면서 상처를 잊어요.

상처를 입었을 때는 그 상처를 끌어안고 울지 말고

힐링하는 방법을 찾아봐요.

다시 뛰어들어 도전할 용기가 생길 거예요.

몽고메리 작가의 유명한 소설 《빨강머리 앤》의 주인공 앤은

실수투성이 아이야.

하지만 늘 이렇게 말해.

"엘리자가 말했어요! 세상은 생각대로 되지 않는다고.

하지만 생각대로 되지 않는다는 건 정말 멋져요.

생각지도 못했던 일이 일어나는 걸요."

앤은 실패할 때마다 이렇게 말하면서 스스로를 힐링한 거야.

힐링은 우리의 마음과 영혼을 회복하는 과정이야.

때로는 고통스러운 일이 생겨도 받아들여야 하는 순간이 있어.

그럴 때는 마음을 추스릴 시간과

주위 사람들의 따뜻한 응원이 필요하지만

가장 중요한 건 내가 나를 믿는 거야.

자연의 속삭임을 들으며 평온을 찾을 수도 있어.

음악을 듣거나 그림을 감상해도 좋아.

무조건 앞으로만 나간다고 성취하는 건 아니야.

이런 잠시 잠깐의 휴식과 힐링을 통해

더 강하게 성장할 수 있어.

그리고 마침내 우리는 내면의 평화를 찾을 수 있을 거야.

힐링을 통한 치유는 우리에게 새로운 도전을 시작할

용기와 희망을 가져다주기 때문이야.

✏️ 생각 키우기

• 어떤 순간에 힐링이 필요할까?

• 나만의 힐링법이 있다면 친구들과 공유해 보자.

34 MBTI 다름을 인정하는 자세

★고 박사님 생각★

MBTI를 궁금해하는 건 친구의 성격이 어떤지,

친구에 대해 더 알고 싶기 때문일 거예요.

MBTI는 나와 친구가 어떻게 다른지 이해하는 방법이랍니다.

MBTI는 사람들의 성격을 16가지 유형으로 나눈 거예요.

외향적이냐, 내향적이냐 등의 기준으로 성격을 알려 줍니다.

얼핏 보면 MBTI에 모든 성격이 딱 들어맞는 것 같아요.

전 세계에는 70억 명이 넘는 사람들이 있어요.

70억 명 모두 각자 개성이 있고 삶의 방향과 생각이 달라요.

한 사람도 똑같은 사람이 없기 때문에

전 세계 사람을 16개 성격으로 단순히 나눌 수는 없어요.

그래도 MBTI를 알면 도움이 됩니다.

다른 사람의 성격이 나와 어떻게 다른지 알 수 있으니까요.

나와 다른 점을 인정하고 존중하려고 MBTI를 만든 거예요.

MBTI로 누군가를 단정하고 판단하는 건

원래 뜻에 맞지 않아요.

"서로의 다름을 존중해야 해,"

요즘 사람들은 MBTI를 새로운 사람을 사귈 때

서로를 알아가는 수단으로 활용해.

MBTI를 알면 왜 내가 주위 사람과 자꾸 부딪치는지,

왜 잘 맞는지를 이해할 수 있어.

사람들이 신뢰하는 MBTI에도 단점이 있어.

인간은 모든 영역의 기질을 조금씩 다 갖고 있거든.

그중에서 한 영역이 특별하게 드러날 뿐이야.

따라서 MBTI를 통해 그 사람의 성격을 한쪽으로만 규정하는 건

다른 가능성을 차단하는 거야.

겁이 많은 사람도 때에 따라 큰 용기를 내서 도전할 수 있어.

활발하고 사교적인 사람도 조용히 혼자 있고 싶을 때가 있지.

"나는 T랑 안 맞는데 저 사람은 T야."

이런 식으로 MBTI를 맹신해서 선입견을 가지면 안 돼.

MBTI 검사를 통한 16개 성격 유형은 거의 안 바뀐다고 해.

하지만 시간이 흘러 MBTI 검사를 해 보면 살짝 바뀌기도 해.

사람은 경험과 배움을 통해 성격이 바뀔 수 있거든.

그러니 우리는 항상 유연한 사고방식을 가져야 해.

친구가 나와 다른 점이 많아도 "그럴 수 있어"라고 생각해 봐.

전 세계 70억 명의 사람들은 70억 개의 우주야.

너도 너만의 우주를 가지고 있음을 잊지 마.

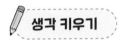

생각 키우기

- MBTI 검사 결과와 내 성격은 얼마나 맞을까?

- 내 성격 중 마음에 들지 않는 부분이 있다면 바꿀 수 있을까?

- 나와 성격이 맞지 않는 사람들과 잘 지내는 방법은 무엇일까?